まちごとチャイナ

Fujian 003 Fuzhoujiucheng

福州旧城

ガジュマル茂る
「花の都」

Asia City Guide Production

【白地図】福州

CHINA
福建省

福州

Fuzhou

白地図

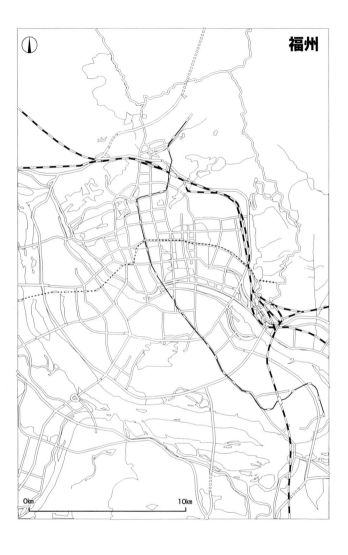

【白地図】福州旧城

CHINA
福建省

福州旧城

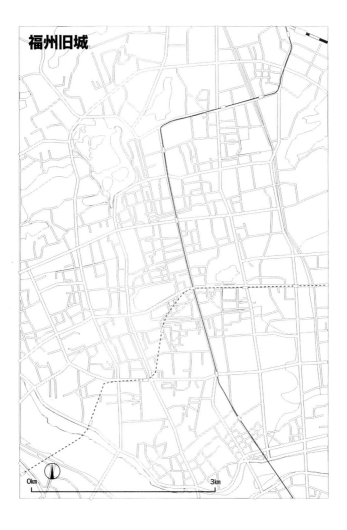

Fuzhou 白地図

【白地図】福州旧城中心部

CHINA
福建省

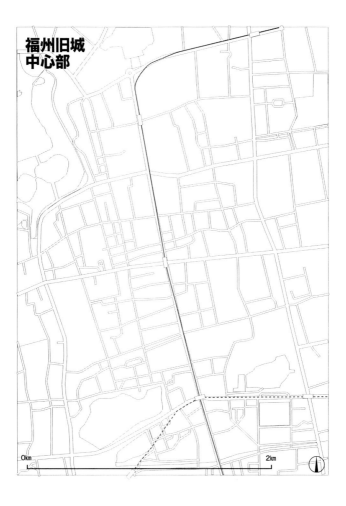

【白地図】于山

CHINA
福建省

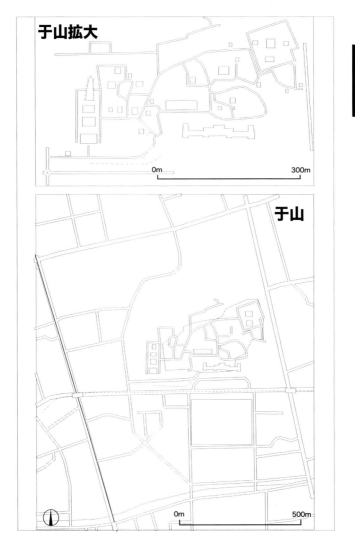

Fuzhou 白地図

于山拡大

于山

【白地図】烏山

CHINA
福建省

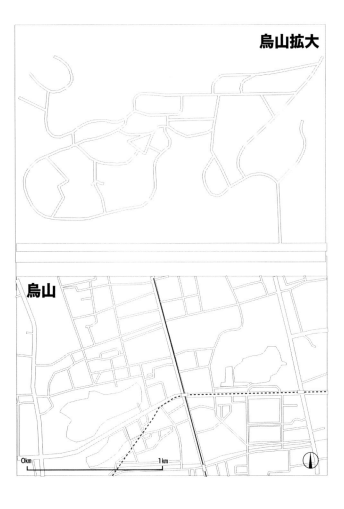

【白地図】八一七路

CHINA
福建省

【白地図】三坊七巷

【白地図】東街口

CHINA
福建省

【白地図】福州駅と旧城北部

CHINA
福建省

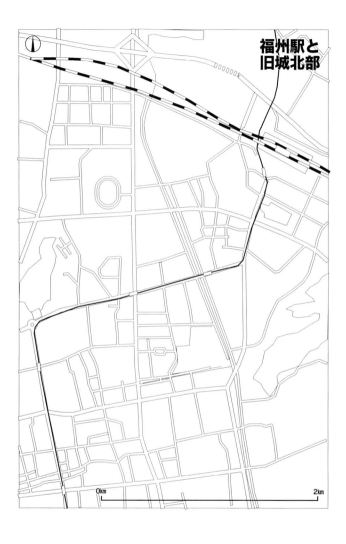

福州駅と旧城北部

Fuzhou | 白地図

【白地図】屏山

CHINA
福建省

屏山

Fuzhou 白地図

【白地図】西湖（旧城西部）

CHINA
福建省

【まちごとチャイナ】
001 はじめての福建省
002 はじめての福州
003 福州旧城
004 福州郊外と開発区
005 武夷山
006 泉州
007 廈門
008 客家土楼

CHINA
福建省

漢の劉邦によって閩越王と認められた無諸は、紀元前202年、この地方王朝の都を東冶（福州）においた。以来、福州は2000年を超える歴史をもち、東海から閩江を50km遡上した地点にある地の利から海上交易の拠点となってきた。

亜熱帯性の気候の街は緑豊かで、北宋（960～1127年）時代に各所に植えられた榕樹から、「榕（城）」とも呼ばれる。また福州という名は、近くに位置した「福山」にちなむとも、福州の「福（fú）」は「仏（fó）」に通じるともされ、城内に

福州旧城 Fú zhōu jiù chéng
フウチョウジィウチャン　福州旧城
Fu Zhou Jiu Cheng

は仏教寺院がいくつも残る。

　明代以降、泉州に替わる福建省屈指の港町に成長し、明清時代から省都として政治、経済、文化の中心になった。こうした性格は現在まで続き、福建省でも随一の都会である一方、福州の古い街並みを伝える三坊七巷や三山に立つ仏教寺院、道観なども見られる。

【まちごとチャイナ】

福建省 003 福州旧城

目次

福州旧城	xxiv
福よせる榕樹の省都	xxx
于山鑑賞案内	xlvii
烏山鑑賞案内	lxi
八一七路城市案内	lxxi
三坊七巷城市案内	lxxxvii
東街口城市案内	cii
閩東福州の料理言葉信仰	cix
屏山城市案内	cxvii
西湖城市案内	cxxxv
閩越から福建省省都へ	cxlvi

【MEMO】

【地図】福州

【地図】福州の [★★★]
- ☐　于山 于山ユウシャン
- ☐　三坊七巷 三坊七巷サンファンチイシィアン

【地図】福州の [★★☆]
- ☐　烏山（烏石山）乌山ウウシャン

【地図】福州の [★☆☆]
- ☐　屏山 屏山ピィンシャン

福州

Fuzhou 福州旧城

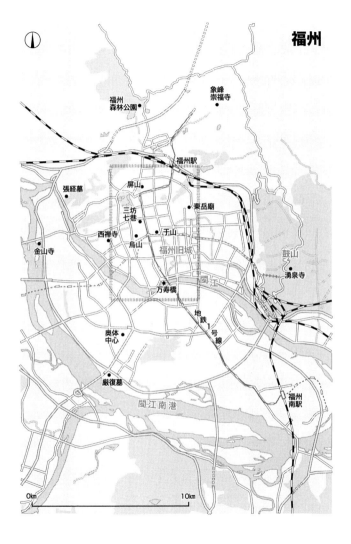

福よせる
榕樹の
省都

CHINA
福建省

紀元前202年に街が築かれて以来
冶城、侯官県、閩県、福州と名前を変えながら
2000年以上持続する福建の中心地

福州旧城のかんたんな歴史

西安や洛陽から遠く離れた福建は、長らく開発が遅れ、漢族と異なる閩越族の住む地として知られていた。漢代の紀元前202年、福州（東冶）にはじめて都市ができ、3世紀の『魏志倭人伝』に「倭（日本）は会稽の東冶（福州）の東にあり」と記され、海流を通じてこの地と日本とつながりがあったと考えられる。街名が福州となったのは唐代の725年のことで、「福建（省）」という言葉はこの地方で最初に漢族による開拓が進んだ「福州」と「建寧」の頭文字からとられた。唐代以後、五代十国の閩国（909〜945年）時代、開閩王と呼ばれる王

Fuzhou | 福よせる榕樹の省都

審知のもと街づくりが進み、続く宋元時代は泉州がこのあたりの最大の港だったが、明代に入って泉州に替わって福州が最大の港町へ成長をとげた（それにともなって、琉球の朝貢船が訪れる街も泉州から福州に替わり、以後、20世紀初頭の明治時代まで福州と琉球沖縄の関係が続いている）。福州は明清（1368〜1912年）以来、福建省の省都となり、政治、経済、文化の中心地として繁栄したが、1842年、アヘン戦争後の南京条約で開港され、いち早く近代化が進んだ街でもあった。海峡をはさんで対岸の台湾、北の上海、南の広州へと続く福建省最大の都市となっている。

▲左 亜熱帯の植生が見られるその名も榕城。 ▲右 あっさりとした味つけの福州料理

三山を城内に抱えた旧城

西の旗山、東の鼓山といった山に周囲を囲まれ、前方に川（閩江）の流れる風水上優れた立地をもつ福州旧城。紀元前202年にはじめて街ができたときは屏山の南側に広がる小さなものだったが、たびたび城壁を拡大したことで、于山（高さ58.6m）、烏山（高さ86.2m）、屏山（高さ45m）の三山を城内に抱えるようになった。めずらしい景観から福州の別名を「三山」と呼び、これら三山は仏教寺院、仏塔や道観が立つ景勝地となっている。かつて城内は水路がめぐらされ、南を流れる閩江へと水路が通じ、そこから福建省山間部と海上

CHINA
福建省

へ道は続いていた(そのため対岸の台湾や沖縄は福州と文化的に強いつながりをもつ)。福州出身の華僑が外地でつくる会館を三山会館と呼び、福州旧城三山のうち南側にならんでそびえる于山、烏山にはそれぞれ白塔と黒塔が対応するように立つ。

ガジュマルと福州

福州のもうひとつ名前をガジュマル(榕樹)にちなむ「榕城」と言う。ガジュマルは東南アジアから中国華南、沖縄、西日本など亜熱帯に自生するクワ科の樹木で、枝を地面にさした

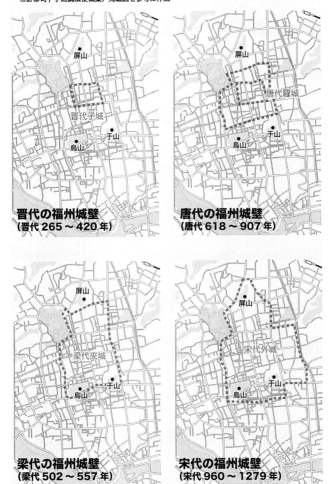

福州旧城の変遷

『福州上下杭社区 (福建省) の空間構成に関する考察 その 1：社区構成と施設分布』（大日方覚・山田香波・趙冲・布野修司 / 学術講演梗概集）掲載図を参考に作成

Fuzhou 福よせる榕樹の省都

晋代の福州城壁
（晋代 265 ～ 420 年）

唐代の福州城壁
（唐代 618 ～ 907 年）

梁代の福州城壁
（梁代 502 ～ 557 年）

宋代の福州城壁
（宋代 960 ～ 1279 年）

CHINA
福建省

だけで根づくと言われ、成長も早い。福州では、北宋時代の1066年、太守張伯玉が住民に植えることを奨励したため、水路や堤防にそってガジュマルがならぶようになった。高さ20mに達するものもあり、曲がりくねった幹などの外観から、福州ではこの樹木に霊的なものがやどると信じられ、しばしば樹上、樹下に小祠や小廟がおかれた（福州には蛇崇拝、犬崇拝、猿崇拝、青蛙崇拝など、中原の漢族と異なる信仰があり、現在も福建省に暮らす少数民族の畲族の文化にその名残が見られる）。また福州はジャスミンの特産地で、中国で広く飲まれるジャスミン茶こと茉莉花茶の発祥地とされる。こ

▲左　于山に立つ白塔は街のシンボル。　▲右　古い街並みが整備された三坊七巷

のジャスミンは前漢（紀元前202〜8年）にインドから中国に伝わったとされ、明代に烏龍茶にとって替わられるまで福州の特産品だった。

福州旧城の構成

漢代の紀元前202年、閩越王の無諸によって築かれた最初の福州（冶城）は、福州旧城北部の屏山南東の冶山にあり、ここが福州発祥の地とされる。晋代の282年、太守巌高は越王山（屏山）の南1.5kmに街を遷し、その後、湿地を埋め立てながら市街地は増え、五代十国から宋代にかけて城壁が拡大

CHINA
福建省

されていった。現在の福州旧城は明代の1371年に完成したものを受け継ぎ、南方を流れる「閩江」、城内にそびえる「三山」、北西に位置する「西湖」という地形にあわせるように展開する。旧城は北側の「屏山」、南東側の「于山」、南西側の「烏山」を頂点とする変形三角をしていて、その中央を南北に八一七路が走る（以上が三山で、城壁は1919年に撤去された）。清代の福州旧城は、蘇州などの都市と同様、侯官県と閩県というふたつの県の県境にもなり、ふたつの県行政府がおかれていた。八一七路と東街が交わるあたりが福州旧城の中心で、近くには古い街並みの再現された三坊七巷が位置する。

【MEMO】

【地図】福州旧城

【地図】福州旧城の [★★★]
- [ ] 于山 于山ユウシャン
- [ ] 三坊七巷 三坊七巷サンファンチイシィアン

【地図】福州旧城の [★★☆]
- [ ] 白塔寺 白塔寺バイタアスウ
- [ ] 烏山（烏石山）乌山ウウシャン
- [ ] 東街口 东街口ドォンジエコウ
- [ ] 閩王祠 闽王祠ミィンワァンツウ
- [ ] 福州開元寺 福州开元寺フウチョウカァイユゥエンスウ
- [ ] 福建省博物館 福建省博物馆 フウジィエンシェンボオウウグゥアン
- [ ] 西禅寺 西禅寺シイシャンスウ

【地図】福州旧城の [★☆☆]
- [ ] 八一七路 八一七路バアイイチイルウ
- [ ] 華林寺 华林寺フゥアリィンスウ
- [ ] 屏山 屏山ピィンシャン
- [ ] 西湖 西湖シイフウ

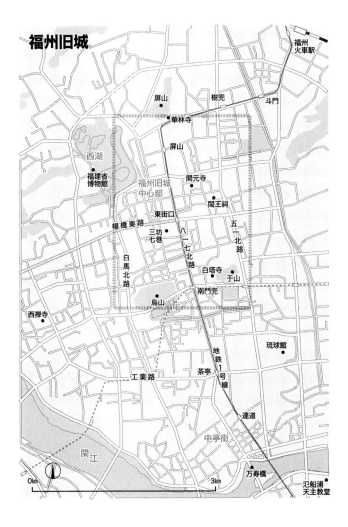

【地図】福州旧城中心部

【地図】福州旧城中心部の [★★★]
- [ ] 于山 于山ユウシャン
- [ ] 三坊七巷 三坊七巷サンファンチイシィアン

【地図】福州旧城中心部の [★★☆]
- [ ] 白塔寺 白塔寺バイタアスウ
- [ ] 烏山（烏石山）乌山ウウシャン
- [ ] 林則徐紀念館 林则徐纪念馆 リィンチェエスウジイニィエングゥアン
- [ ] 東街口 东街口ドォンジエコウ
- [ ] 閩王祠 闽王祠ミィンワァンツウ
- [ ] 福州開元寺 福州开元寺フウチョウカァイユゥエンスウ

【地図】福州旧城中心部の [★☆☆]
- [ ] 五一広場 五一广场ウウイイグゥアンチャアン
- [ ] 福建大劇院 福建大剧院フウジィエンダアジュユゥエン
- [ ] 八一七路 八一七路バアイイチイルウ
- [ ] 福州文廟 福州文庙フウチョウウェンミャオ
- [ ] 東街 东街ドォンジエ
- [ ] 福州中山紀念堂 福州中山纪念堂 フウチョウチョンシャンジイニィエンタァン
- [ ] 華林寺 华林寺フゥアリィンスウ
- [ ] 屏山 屏山ピィンシャン

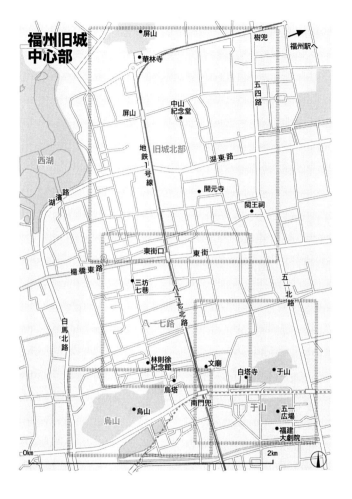

【MEMO】

【MEMO】

Fuzhou

福よせる榕樹の省都

【MEMO】

Guide, Yu Shan
于山
鑑賞案内

仙人にまつわる話が伝えられる于山
福州のシンボルでもある白塔寺
街歩きの起点となる五一広場が位置する

于山 于山 yú shān ユウシャン ［★★★］

福州旧城にそびえる三山のひとつで、仏塔、道観などの景勝地が集まる于山（高さ58.6m）。戦国時代（〜紀元前221年）、漢族とは異なる百越の于越氏がこの地に住んでいたという話から、于山という名称がつけられた。また福州の街を開いた閩越王無諸が重陽節の9月9日にこの山にのぼって宴を開いた「九日山」とも、9人の兄弟がここで仙人になったという言い伝えから「九仙山」とも、宋代の状元陳誠の読書場所であったことから「状元峰」とも呼ばれる。巨大な海亀のようなかたちをした山で「攬鰲亭」「倚鰲軒」「歩鰲坡」「応鰲石」「接

【地図】于山

【地図】于山の [★★★]
- [ ] 于山 于山ユウシャン

【地図】于山の [★★☆]
- [ ] 白塔寺 白塔寺バイタアスウ
- [ ] 白塔（定光塔）白塔バイタア

【地図】于山の [★☆☆]
- [ ] 九仙観 九仙观ジィウシィアングゥアン
- [ ] 大士殿 大士殿ダアシイディエン
- [ ] 戚公祠 戚公祠チイゴォンツウ
- [ ] 五一広場 五一广场ウウイイグゥアンチャアン
- [ ] 福建大劇院 福建大剧院フウジィエンダアジゥユウエン
- [ ] 八一七路 八一七路バアイイチイルウ

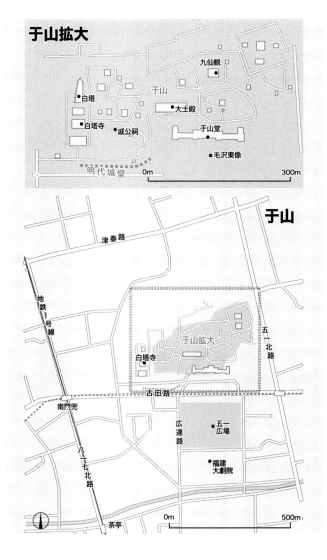

鰲門」「聳鰲峰」といった海亀（鰲）にまつわる景勝地も残る。この于山にそびえる白塔は福州のシンボルとなっている。

九仙観 九仙观 jiǔ xiān guān ジィウシィアングゥアン［★☆☆］
福州を代表する道教寺院の九仙観。漢代、何氏の9人兄弟がこの地で暮らし、不老長生の金丹（薬）をねって仙人になる修行をしたという（于山の洞窟で暮らして草をとって、湧き水をくんで生活した）。北宋の1103年、天寧万寿観が建立され、その後、九仙観となったという経緯があり、山の中腹には9人兄弟が金丹（薬）をねった錬丹井が残る。

▲左　名勝奇石の集まる于山。　▲右　明代に倭寇討伐で成果をあげた戚継光

大士殿 大士殿 dà shì diàn ダアシイディエン ［★☆☆］

大士殿は于山の山頂に立ち、北宋の1103年にされた創建の玉皇閣をはじまりとする。清代の1713年に再建されて第4代康熙帝の長寿が祝われ、その後の第6代乾隆帝時代に万寿亭と呼ばれた。大士殿という名前は、乾隆帝の「御題大士出山図」の碑刻からとられたもので、1937年に名づけられた。福州市街をのぞむ高台にあることから、1911年の辛亥革命にあたって革命軍の拠点がおかれ、ここからの発泡を合図とし、革命軍は清朝への攻撃を開始したという。

福建省

白塔寺 白塔寺 bái tǎ sì バイタアスウ ［★★☆］

于山の西側に立ち、前年に創建された白塔に続いて唐代の905年に創建された白塔寺（定光寺）。唐に替わった五代十国後梁の朱全忠（在位907～912年）が即位すると、万歳寺と改称された。この白塔寺の中心に法雨堂と呼ばれる伽藍があり、915年、仏僧義収がその身を火に投じて雨乞いをしたと伝えられる。現在の白塔寺は清代に再建されたもので、清末の1866年からここで外国語教育が行なわれるなど、近代化の舞台にもなり、福州船政学堂学者となった厳復や日清戦争で戦死した鄧世昌が白塔寺で学んだ。

▲左　唐代以来の古刹の白塔寺、福州は仏教信仰の盛んな街だった。　▲右　白色のたたずまいを見せる八角七層の白塔

白塔（定光塔）白塔 bái tǎ バイタア ［★★☆］

白塔寺の背後にそびえ、高さ41m、八角七層の白のたたずまいを見せる白塔。正式名称を定光多宝塔と言い、塔の基壇を築くときに宝珠が発見され、定光塔と命名されたことに由来する。唐代の904年に創建されたのちは万歳寺の一部だったが、明代の1534年に落雷で消失し、1548年に再建された（塔の石積みが唐代のもので、塔内部は木造）。西側の烏山に立つ烏塔とともに、双塔として福州のシンボルとなっている。

福建省

戚公祠 戚公祠 qī gōng cí チイゴォンツウ ［★☆☆］

明代、福建省沿岸部で跳梁する倭寇討伐にあたった戚継光（〜1587年）をまつる戚公祠。戚継光は1562年に福州に派遣され、寧徳、福清、莆田などで倭寇（海賊）を破ったが、この戦いの主要舞台となったのが台湾海峡に近い閩江口だった。戚継光が福州を離れるのを惜しんだ人びとは、戚継光を記念して石碑を立て、やがて戚公祠のかたちになった。戦勝祝宴のあと、酔いのまわった戚継光がベッド代わりにして眠ったという「酔石」も残る。現在の建物は1918年に建てられた。

于山摩崖石刻 于山摩崖石刻 yú shān mó yá shí kè
ユウシャンモオヤアシイカア [★☆☆]

福州于山の各所に残る100あまりの摩崖石刻。宋代から1000年に渡って刻まれてきたもので、篆書や隷書など多様な書体が見られる。

【MEMO】

▲左　右手をかかげる毛沢東像。　▲右　五一広場に隣接して立つ福建大劇院

五一広場 五一广场
wǔ yī guǎng chǎng ウウイイグゥアンチャアン [★☆☆]

于山南麓、福州市街の中心に位置する五一広場。「メーデー（労働者の日、労働節）」の5月1日からとられた広場で、1949年の中華人民共和国建国後に湿地帯を整備して現在の姿になった。周囲には大型ホテルやショッピング・モールが立ち、五一広場商圏を構成する。五一広場に隣接する「于山堂」の前には毛沢東像が見え、早朝、この広場で国旗掲揚式が行なわれる。

福建大劇院 福建大剧院
fú jiàn dà jù yuàn フウジィエンダアジゥユゥエン [★☆☆]

五一広場の南側に隣接して立つ福建大劇院。メインホール、音楽ホール、数碼影視城からなり、「閩劇」などの歌劇、「福州平話」という曲芸のほか、クラシックコンサートも開かれる（閩劇は福州語で演じられ、明清時代を通じて形成された）。この建築は、福建省山間部の客家土楼（円形民居）をもとにした建築となっている。

【MEMO】

CHINA
福建省

**Guide,
Wu Shan**

烏山
鑑賞案内

「烏」とは「黒」を意味する
東の白塔に対して西の黒（烏）塔がそびえ
頂上からは福州の街並みが広がる

烏山（烏石山）乌山 wū shān ウウシャン ［★★☆］

福州旧城の三山のひとつで、東の于山と対峙するようにそびえる標高86.2mの烏山（烏石山）。漢代の9月9日、福州で仙人となった何氏の9兄弟が、この山で「烏」を採ったという伝説から、烏山と名づけられた。唐（618～907年）代から景勝地として知られ、玄宗に「闽山（福建の山）」という名を下賜されたり、道教の「蓬莱の仙境」を思わせる景観から、福州知事の程師孟が「道山」と呼んだ。また烏山は風水上、重要な山とされ、1850年、西欧人の建てたキリスト教会が風水を乱したという理由で、1878年、地元の人びとに

【地図】烏山

【地図】烏山の ［★★★］
- □ 于山 于山ユウシャン
- □ 三坊七巷 三坊七巷サンファンチイシィアン

【地図】烏山の ［★★☆］
- □ 白塔寺 白塔寺バイタアスウ
- □ 烏山（烏石山）乌山ウウシャン
- □ 烏塔（崇妙保経堅牢塔）乌塔ウウタア
- □ 林則徐紀念館 林则徐纪念馆 リィンチェスウジイニィエングゥアン

【地図】烏山の ［★☆☆］
- □ 五一広場 五一广场ウウイイグゥアンチァアン
- □ 福建大劇院 福建大剧院フウジィエンダアジュユウエン
- □ 呂祖宮 吕祖宫リィウチュウゴォン
- □ 先薯亭 先薯亭シィアンシュウティン
- □ 八一七路 八一七路バアイイチイルウ
- □ 福州文廟 福州文庙フウチョウウェンミャオ
- □ 福州清真寺 福州清真寺フウチョウチンチェンスウ

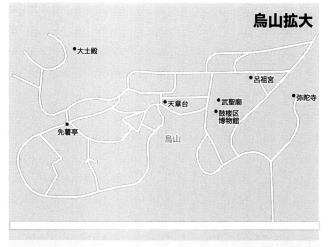

福建省

火を放たれたという経緯もある。

陽数の重なる重陽節

10番目で桁の増える十進法では「9」は陽数の極で、中国人はそれが重なる9月9日を「重陽」と呼んで重視してきた。漢代以降、この日に「茱萸（カワハジカミ）」を身につけ、小高い丘に登って菊の花弁を浮かべた酒を飲むならわしができ、こうした重陽節の行事は今でも続いている。

▲左　福州三山のうち旧城南西に位置する烏山。　▲右　亜熱帯で育つガジュマル

烏山摩崖題刻 乌山摩崖题刻 wū shān mó yá tí kè
ウウシャンモオヤアティイカア [★☆☆]

烏石山とも呼ばれる烏山には、いくつもの奇石が点在し、あわせて200あまりの石刻が残る。唐代書家の李陽冰が772年に記した篆書『般若台記』はじめ、宋代の程師孟、陳襄、朱熹、梁克家といった書家による石刻が見られる。なかにはモンゴル語の石刻もあり、これらは烏山摩崖題刻と呼ばれている。

烏塔（崇妙保経堅牢塔）乌塔 wū tǎ ウウタア ［★★☆］

烏山東麓に立つ高さ 35m、八角七層の烏塔のそびえる姿は、白塔とともに福州を代表する景観にあげられる。この烏塔は、唐代、徳宗（742 〜 805 年）のために福建観察使が建てた浄光塔に由来する。唐末に農民の反乱で破壊されたが、五代十国時代の 941 年、閩国の王審知の子王延曦によって一族の繁栄を願って再建された。当初は九層で計画されていたが、王延曦が臣下に殺されたことで七層になった。福州ではかつて 7 つの塔が立っていて、この烏塔と白塔が現存する。正式名称を「崇妙保経堅牢塔」と言う。

▲左　烏塔はもうひとつの福州旧城のシンボル。　▲右　柱や梁は中国人の嗜好にあう赤で彩られている

呂祖宮 呂祖宮 lǔ zǔ gōng リィウチュウゴォン ［★☆☆］

道教の神さま（八仙のひとり）の呂洞賓をまつる呂祖宮。清代の1881年に建てられ、前殿から正殿へと伽藍が続く。周囲には武聖廟も位置する。

CHINA
福建省

先薯亭 先薯亭 xiān shǔ tíng シィアンシュウティン [★☆☆]

サツマイモを育てることで飢饉を乗り越えた福建巡撫の金学曽をまつる先薯亭。サツマイモは1570年ごろフィリピン華僑の陳振龍がルソンから福建にもちかえり、栽培していた。1594年の飢饉で食糧不足になったとき、金学曽はその効用をといて、サツマイモをつくらせて人びとを救った。そのため、人びとは「朱藷(サツマイモ)は金藷なり」とたたえてこの亭をつくったという。

【MEMO】

Guide,
Ba Yi Qi Lu

八一七路
城市案内

八一七路は福州旧城を南北につらぬく大動脈
福州文廟や福州清真寺がそばに立ち
この街の中心とも言えるにぎわいを見せる

八一七路 八一七路 bā yī qī lù バアイイチイルウ ［★☆☆］
福州旧城を南北に走る繁華街の八一七路。この通りは、901年、王審知が羅城を増築したときに、南門から閩江方面へ伸びる道路として整備され、通りにそって水路が走り、ガジュマル（榕樹）が植えられた。以来、1000年以上、福州でもっともにぎわう商業地区となり、かつては南大街（南街）と呼ばれていた。現在は東街口、三坊七巷とともに東街口商圏を構成し、飲食、食料、衣料、雑貨など、各種店舗が集まっている。

【地図】八一七路

【地図】八一七路の [★★★]
- ☐ 三坊七巷 三坊七巷サンファンチイシィアン
- ☐ 于山 于山ユウシャン

【地図】八一七路の [★★☆]
- ☐ 林則徐紀念館 林则徐纪念馆 リィンチェエスウジイニィエングゥアン
- ☐ 東街口 东街口ドォンジエコウ
- ☐ 白塔寺 白塔寺バイタアスウ
- ☐ 烏山（烏石山）乌山ウウシャン
- ☐ 烏塔（崇妙保経堅牢塔）乌塔ウウタア

【地図】八一七路の [★☆☆]
- ☐ 八一七路 八一七路バアイイチイルウ
- ☐ 八旗会館 八旗会馆バアチイフゥイグゥアン
- ☐ 福州文廟 福州文庙フウチョウウェンミャオ
- ☐ 福州清真寺 福州清真寺フウチョウチンチェンスウ
- ☐ 安泰楼 安泰楼アンタァイロウ
- ☐ 朱紫坊 朱紫坊チュウツウファン
- ☐ 聚春園 聚春园ジウチュンユゥエン
- ☐ 東街 东街ドォンジエ
- ☐ 花巷基督教堂 花巷基督教堂 フゥアシィアンジイドゥジャオタァン
- ☐ 鼓楼遺址 鼓楼遗址グウロウイイチイ
- ☐ 五一広場 五一广场ウウイイグゥアンチャアン

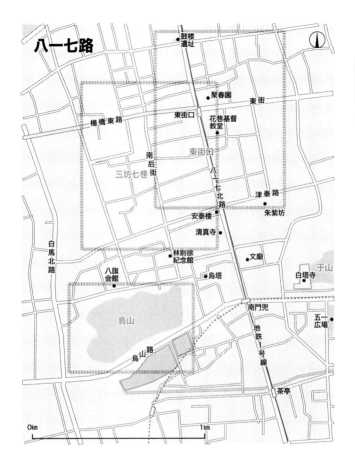

福建省

林則徐紀念館 林则徐纪念馆 lín zé xú jì niàn guǎn
リィンチェエスウジイニィエングゥアン ［★★☆］

アヘン密輸を行なう西欧に対して、敢然と立ち向かった官僚の林則徐（1785～1850年）ゆかりの品や資料が展示された林則徐紀念館。福州出身の林則徐は、皇帝からの命を受け、欽差大臣としてアヘン（麻薬）のとり締まりのために広東へ派遣された。イギリスのアヘン商人からアヘンを没収するなど、林則徐の施策は成果をあげたが、イギリスの圧力で林則徐は職務からはずされ、イリへ左遷された。晩年の林則徐は太平天国（1851～64年）の鎮圧のため、福州から潮州にお

▲左　福州が生んだ気骨ある官吏の林則徐の紀念館。　▲右　アヘン戦争前後の展示が見られる

もむいたが、そこでなくなった。この林則徐祠堂は、1905年、林則徐の子孫によって建てられ、1982年に林則徐記念館として開館した。福建地方特有の園林建築様式をもち、官服をきた林則徐の坐像はじめ、林則徐の書簡、碑刻、虎門にそなえられた大砲が安置されている。

福建省

林則徐と福建人気質

19世紀、イギリスは中国特産の茶の輸入（購入）で出た赤字を、中毒性のある麻薬アヘンの密輸をあてることで埋めようとした。中国にアヘン中毒が蔓延するなかで、西欧商人のアヘン密輸をとり締まる目的で、林則徐が欽差大臣（皇帝の命を受けた臨時の官職）に任命された。アヘンの取引構造を調査し、西欧の法律を学んだ林則徐は、毅然とした態度でイギリスのアヘン商人にのぞんだ。商人から2万箱にのぼるアヘンの在庫を没収し、東莞虎門で塩水と焼いた石灰を混ぜて焼却した。林則徐は「今後、アヘンを中国にもちこまない」

といった誓約書を提出させたが、その強硬姿勢はイギリスの反感を買い、イギリスと清朝のアヘン戦争（1840〜42年）へ突入した。林則徐はアヘン戦争のなかで罷免され、やがて福州をふくむ中国沿岸部の港町は開港することになった。現在では、林則徐は不正に敢然と立ち向かった民族的英雄と見られ、筋の通った人柄も福建人の特徴としてあげられる。林則徐に代表されるこうした福建人の気骨は、都北京から離れた風土で育まれたとも指摘される。

福建省

八旗会館 八旗会馆
bā qí huì guǎn バアチイフゥイグゥアン [★☆☆]

烏山の北側に残る八旗会館は、満州人を中心とする清朝の組織「八旗」に由来する（8つの旗のもとに組織された社会、軍事上の制度で、北京から派遣され、駐屯した）。この八旗会館の建物は、明代の「官家花園（中使園）」のあとで、石づくりの一本柱、天井や壁の装飾などが美しい木造2階建てとなっている。

【MEMO】

福建省

福州文廟 福州文庙
fú zhōu wén miào フウチョウウェンミャオ［★☆☆］

学問の神さま孔子がまつられた福州文廟（伝統的な中国の街では必ず文廟と武廟がおかれた）。唐代の773年に建学宮として創建され、その後、王審知のおいた四門学、宋代の孔廟というようにかたちを変えていった。福州文廟は清代の1851年に再建されたものを受け継ぎ、紅の周壁を左右にもつ櫺星門からなかに入ると中庭が広がる。この中庭の奥に大成殿が立ち、周囲の回廊には72人の儒学者がまつられている。2006年に現在の姿となった。

▲左　緑はイスラム教を意味する、福州清真寺の外観。　▲右　孔子のまつられた福州文廟

福州清真寺 福州清真寺
fú zhōu qīng zhēn sì　フウチョウチンチェンスウ　[★☆☆]

福州のイスラム教徒が礼拝に訪れる福州清真寺。唐代の628年に創建され、その後の五代十国時代には閩王王継鵬の大平宮がおかれていた（唐宋時代から、海上交易の担い手でもあったアラブ人やペルシャ人が漢族と混血してイスラム教徒の回族が形成された）。その後の元（1260～1368年）代では支配者層のモンゴル人がイスラム教徒を漢族統治のために重用したこともあり、福州清真寺（モスク）となった。明代の1541年に焼失したのち、1549年に中国建築様式で再建さ

▲左　春巻きなどの小吃がならぶ。　▲右　安泰楼は三坊七巷近くに位置する福州料理の老舗

れた。メッカの方角へ祈るための正方形の礼拝堂をそなえるほか、現在はイスラム教を意味する緑のドームやペルシャ・アラブ風の外観をもつ。

安泰楼 安泰楼 ān tài lóu アンタァイロウ ［★☆☆］

清朝末期に創業した福州料理の老舗の安泰楼。三坊七巷近くに位置し、このあたりは唐宋時代から福州でもっともにぎわう場所だった。店名は福州旧城を走る安泰河にかかる安泰橋からとられ、「太平燕（アヒルの卵が入ったスープ）」「魚丸」「煎包」「焼き包子」「春巻き」といった点心（小吃）や宴会料理を出す。

【MEMO】

福建省

朱紫坊 朱紫坊 zhū zǐ fāng チュウツウファン ［★☆☆］

三坊七巷とともに古い街並みが残る朱紫坊。安泰河（護城河）の南側を水路にそうように走り、川沿いにはガジュマル（榕樹）がしげる。この水路は閩国（909〜945年）時代から使われたもので、20世紀なかごろまで主要な水上交通網だった（この地はちょうど唐代羅城の南門外にあたり、そこから南へ続く安泰橋がかかっていた）。明清時代は官吏が朱紫坊に多く暮らしたと言われ、また店舗がならんでいた。大厝と呼ばれる中庭をもつこの地方の邸宅が見られるほか、広河橋、津門橋などの古い橋が残っている。

【MEMO】

**Guide,
San Fang Qi Xiang**

三坊七巷
城市案内

三坊七巷は福州旧城の面影を伝える古い街並み
黒の屋根瓦、白の漆喰壁、木の窓枠などをもつ
古民居が細い路地にそって立つ

三坊七巷 三坊七巷
sān fāng qī xiàng サンファンチイシィアン ［★★★］

福州旧城中心部に位置する、古い街並みの三坊七巷。南北に走る南后街を中心に、「衣錦坊」「文儒坊」「光禄坊」の3つの坊と、「楊橋巷」「郎官巷」「塔巷」「黄巷」「安民巷」「宮巷」「吉庇巷」の7つの巷からなる。このあたりは唐末から街区が形成され、長いあいだ福州でもっともにぎわう繁華街だった。清代には官僚や文人が多く暮らし、たとえば儒学者を輩出した通りは「文儒坊」と名づけられている。2005年、明清時代を思わせる現在の街並みが再現され、古民家、茶屋、漆器、

【地図】三坊七巷

【地図】三坊七巷の［★★★］
- [ ] 三坊七巷 三坊七巷サンファンチイシィアン

【地図】三坊七巷の［★★☆］
- [ ] 東街口 东街口ドォンジエコウ
- [ ] 林則徐紀念館 林则徐纪念馆 リィンチェエスウジイニィエングゥアン
- [ ] 烏塔（崇妙保経堅牢塔）乌塔ウウタア

【地図】三坊七巷の［★☆☆］
- [ ] 元帥廟 元帅庙ユゥエンシュアイミャオ
- [ ] 聚春園 聚春园ジウチュンユゥエン
- [ ] 東街 东街ドォンジエ
- [ ] 花巷基督教堂 花巷基督教堂 フゥアシィアンジイドゥジャオタァン
- [ ] 八一七路 八一七路バアイイチイルウ
- [ ] 福州清真寺 福州清真寺フウチョウチンチェンスウ
- [ ] 安泰楼 安泰楼アンタァイロウ
- [ ] 鼓楼遺址 鼓楼遗址グウロウイイチイ

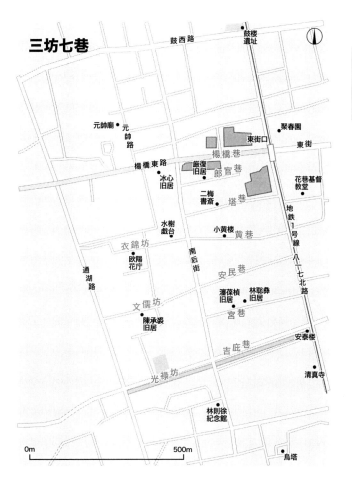

CHINA
福建省

木彫などの工芸品店がずらりとならぶ。その華やかな様子から「花灯一条街」とも、200を超える古民家が集まることから、「中国明清古建築博物館」とも呼ばれる。

三坊七巷の代表的民居

三坊七巷の中心の大通りが南后街で、南北を走る南后街から西に三坊、東に七巷の路地が走る。明代郷紳の邸宅で、湖上の戯台をもつ「水榭戯台（衣錦坊）」、見事な木彫り細工が見られる「欧陽花庁（衣錦坊）」、陳承裘本人と夭折したひとりをのぞいて6人の子どもが科挙に合格した「陳承裘旧居（文

【MEMO】

CHINA
福建省

儒坊)」、清末の革命家である林覚民と冰心の暮らした「冰心旧居(楊橋巷)」、庭に2本の梅が植えられ、天后宮の隣接する「二梅書屋(郎官巷)」、福州船政学堂で航海術を学び、アダム・スミスの『国富論』、ミルの『自由論』、モンテスキューの『法の精神』などを翻訳した思想家・翻訳家の厳復が暮らした「厳復旧居(郎官巷)」、唐代官吏の黄璞が暮らし、手の込んだ庭園をもつ「小黄楼(黄巷)」、路地から建物奥に四合院が連なるこの地方の典型的な様式をもつ「潘葆楨旧居(宮巷)」、明滅亡後の南明の役所がおかれていた「林聡彝旧居(宮巷)」が代表的な民居となっている。

▲左 木材を利用して建てられた建物に店舗が入る。　▲右 白の漆喰壁が続く、三坊七巷で見られる建築様式を大厝と呼ぶ

三坊七巷の「大厝」

石畳の路地と、木材とレンガを使った邸宅、白の漆喰壁、黒の屋根瓦など、この地方特有の街並みが見られる三坊七巷。福州の代表的民居は横三間、五間、七間からなり、中庭の四方に建物を配した四合院が二進、三進と奥に向かって続く(四合院がふたつ続くことを二進、3つ続くことを三進と呼ぶ)。福建省では建築材料に木材を多く使うのが特徴で、火よけと家の格式を示す「風火墙(うだつ)」が屋根に見られる。また北京の四合院が平屋なのに対して、福州では柱と梁を活かした2階建てが多く、これら福州の伝統的民居は「大厝」や「柴

CHINA
福建省

欄厝」と呼ばれる。中国の儒教的価値観から、女性は奥の部屋で暮らして、外界との接触はできるだけたつという慣習があった。

福州工芸の数々

元代、福州を訪れたマルコ・ポーロ(1254〜1324年)は「この都市には多数の商人・工匠がおり、盛大な取り引きが営まれている」「フージュー市に将来された商品は、同じ河による水路かもしくは陸路によって、再び各地に運搬される」と記している。豊富な木材が集散されることもあって、福州は

Fuzhou 三坊七巷城市案内

伝統工芸が盛んなことでも知られてきた。漆を何度も重ねて塗る、芯材をもたない「脱胎漆器」、また降雨量の多いこの地方で親しまれてきた「油紙傘（唐傘）」、牛の角でつくった女性のための「牛角梳」が福州を代表する工芸品で、三坊七巷でも目に入る。なかでも粘土の型のうえに何度も何度も漆を重ねて塗り、完成したあとに型をとりはずす脱胎漆器は、清代の乾隆帝（在位 1735 〜 95 年）時代に漆器職人の沈紹安が生み出したもので、揚州漆器、北京漆器とならんで中国三大漆器に数えられる。木製のものが摩耗するのに対して、漆はその輝きが長く続くことが特徴で、脱胎漆器は紅茶やコー

ヒーといった喫茶道具、花瓶のかたちで、港町福州から西欧にも輸出された。

文人と福州

福建は唐代まで未開の地であったが、閩国を樹立した王審知（862〜925年）以後、開発が進み、とくに南中国が北中国に勝る繁栄を見せていく宋代以降は、文化中心地のひとつとなった（宋代、出版文化の中心地となって、科挙の合格者を輩出し、朱熹の墨跡も福州のいたるところに残る）。明末の政治派閥の東林党人が多く三坊七巷に暮らしたほか、1853

▲左　高温多湿の環境にあわせて開放的なつくりとなっている。　▲右　うだつに見られる装飾、その家の格式を示した

年に福州南台倉霞洲に生まれ、1921年に福州郎官巷（三坊七巷）でなくなった清末の思想家厳復も福州ゆかりの人物として知られる。またイギリスによるアヘン密輸のとり締まりにあたった官吏の林則徐（1785〜1850年）は晩年、生まれ故郷の福州に戻って読書や著作に勤しみ、代表的福州人のひとりにあげられる。

福州と茶

福建茶が中国全土に知られるようになるのは宋（960〜1279年）代になってからのことで、とくに福州から閩江をさかの

CHINA
福建省

ぼった武夷山の茶は最高品質とされた。古くから親しまれていた非発酵の「緑茶」、福建省で宋代あたりから知られたという発酵の「紅茶」、明代に福建で考えられ、1855年ごろから製茶がはじまった半発酵の「烏龍茶」など、茶どころの福建省ではさまざまな茶が飲まれてきた。17世紀、東インド会社によってヨーロッパにもたらされた中国茶のなかでも、西欧人の嗜好にあったのは紅茶で、この「ブラックティー（紅茶）」をめぐってアヘン戦争（1840～42年）が起こり、福州は開港された（福建の農民は食料生産をやめて、より収入になる茶の栽培に転じるといったことも見られた）。こうし

▲左 三坊七巷におかれている銅像。 ▲右 ネオンに照らされた夜の東街口、1000年以上福州の中心

た茶のなかで閩北の武夷山系（武夷岩茶など）、閩南の安渓系（鉄観音など）など、福州では半発酵の烏龍茶がとくに親しまれている。

元帥廟 元帅庙
yuán shuài miào ユゥエンシュアイミャオ [★☆☆]

楊橋東路から北側に走る路地の元帥路に残る元帥廟。元代、三坊七巷に建てられた元壇祠をはじまりとする道教寺院で、清初に元帥廟となった。戯曲と音楽の神さまである田公元帥がまつられ、戯台が見られるなど、古い時代の建築様式をもつ。

【地図】東街口

【地図】東街口の [★★★]
- [ ] 三坊七巷 三坊七巷サンファンチイシィアン

【地図】東街口の [★★☆]
- [ ] 東街口 东街口ドォンジエコウ

【地図】東街口の [★☆☆]
- [ ] 聚春園 聚春园ジウチュンユゥエン
- [ ] 東街 东街ドォンジエ
- [ ] 花巷基督教堂 花巷基督教堂 フゥアシィアンジイドゥジャオタァン
- [ ] 石井巷 石井巷シイジィンシィアン
- [ ] 鼓楼遺址 鼓楼遺址グウロウイイチイ

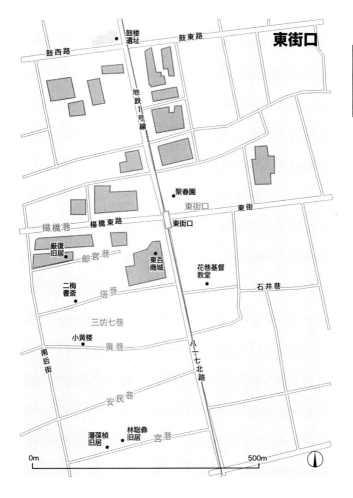

Guide, Dong Jie Kou
東街口城市案内

CHINA
福建省

三坊七巷に隣接する繁華街の東街口
南の安泰橋あたりからこのあたりは
福州の繁栄とともに歩んできた

東街口 东街口 dōng jiē kǒu ドォンジエコウ［★★☆］

東街口は福州旧城最大の繁華街で、あたりの三坊七巷や八一七路、東街、楊橋東路とともに東街口商圏を形成する。ちょうど東西に走る東街と、南北に走る八一七路が交わる交差点が「東街口」で、福州に晋代の子城があった時代から、福州旧城の中心地として1500年以上続くにぎわいを見せているという。周囲には東百商城などの大型店舗や、聚春園、太和堂茶荘といった由緒正しい店舗がならび、人びとが行き交う。

聚春園 聚春园 jù chūn yuán ジウチュンユゥエン［★☆☆］
清朝同治帝の 1865 年に創業した福建省を代表する老舗の聚春園。ナマコ、アワビ、干し貝柱など 20 種類以上の最高の食材と鳥の出汁を使った料理「佛跳墙（フォオチャオチィアン）」発祥の店として知られる。この佛跳墙は、1876 年に福州の役人が福建布政司の周蓮をまねき、鳥肉やアヒル肉、海産物を紹興酒で煮込んだ「福寿全」をふるまったことに由来する（妻の出身地紹興の料理）。これを気に入った周蓮は料理人の鄭春発に自宅でも食べられるように命じ、鄭春発は海産物を多く使うなどして料理を再現した。そして、この鄭春

発が開いたのが聚春園のはじまりとなった。「仏跳牆」という名前は、「福寿全」と音の似ているからとも、香りの素晴らしさで「仏僧が塀（牆）を飛び越えてくること」から名づけられたともいう。

東街 东街 dōng jiē ドォンジエ ［★☆☆］

八一七路と接する東街口を起点に東に伸びる東街。福州を代表するファッション・ストリートで、衣料品の店舗がずらりとならぶ。この東街では榕樹が見られるほか、1階がアーケード状の騎楼（福建省、広東省で見られる）様式をもつ。

▲左　東街では騎楼と呼ばれるアーケードが見られる。　▲右　魚肉のすり身をねった魚丸が美味

花巷基督教堂 花巷基督教堂 huā xiàng jī dū jiào táng
フゥアシィアンジイドゥジャオタァン ［★☆☆］

福州中心部を走る八一七路の東側に立つキリスト教の花巷基督教堂。福州でもっとも由緒正しいキリスト教会で、アヘン戦争（1840〜42年）以前からこの地に布教拠点があり、「花巷堂」「尚友堂」といった名前で呼ばれていた。1915年、清朝官吏の王府を利用した教会となり、その後の1938年に花崗岩の姿となった。尖塔のうえには十字架がかかげられている。

福建省

石井巷 石井巷 shí jǐng xiàng シイジィンシィアン ［★☆☆］
福州の繁華街東街口そばを走る石井巷。全長150m、幅4mのこぢんまりとした路地で昔ながら面影を残す。通りの名前は宋代の蘇舜元（「有蘇公井一」）の井戸に由来する。

【MEMO】

閩東福州
の料理
言葉信仰

閩江のほとりで育まれた福州の文化
独特の言葉や海を渡った人びとなど
地形上の制約が大きな影響をあたえてきた

福州料理

福建料理（閩菜）のうち、省北部の福州で食べられている福州料理を「福州菜」もしくは「榕城菜」と呼ぶ。この地方で陸揚げされる海の幸、山の幸を素材とし、あっさりとした淡白な味つけが特徴。鶏肉や海鮮、フカヒレを紹興酒の瓶で煮込んだ「仏跳牆」、豚肉を使った伝統料理の「荔枝肉」、アヒルの卵が入ったスープ「太平燕」などが福州の代表料理となっている。福州語では「長麺」と「長命」が同じ音であるため、南宋時代から春節に「線麺」を食べて長寿を願う習慣があるという。また福州から閩江をさかのぼった沙県ゆかりの「沙

福建省

県小吃」も食され、「沙県小吃」は中国全土に広がった。ほかには、福州人が華僑として海を渡ったニューヨークや東南アジア各地でも福州料理が食べられる。

海を渡った福州華僑

山がちで農作地にとぼしく、海に面した地形をもつ福建省は、宋（960〜1279年）代ごろから多くの華僑を生んできた。福建華僑は、福州を中心とする閩北系、泉州や厦門の閩南系、山間丘陵部の客家系に大きくわかれる。福州で話される福州語を母語とする地縁集団を「福州幇」と呼ぶ（福建語と

▲左　福州料理は福州人が進出した先でも食される。　▲右　人びとの足となる路線バス

も言われる閩南語とは互いに通じないほど異なる)。閩南よりも規模は小さいものの、閩侯、長楽、福清など福建北東部の10県の出身者で構成されることから、「福州十邑」、また福州の三山をとって「三山帮」ともいう。東南アジア各地に福州チャイナタウンがあるほか、ニューヨークのチャイナタウンは「リトル福州」を形成している。福州華僑は長崎開港以来、江戸時代の日本へも進出して、崇福寺を建立している（崇福寺が閩北系、福済寺が閩南系、興福寺が江南系）。長崎ちゃんぽんの考案者である陳平順は、日本人になじみの深い福州人でもある。

福建省

閩東の言葉「福州語」

北方(北京官話)・呉(上海語)・湘(湖南語)・贛(江西)・客家(客家語)・閩(福建語)・粵(広東語)の中国七大方言のうち、閩方言を「福州語(閩東語)」と厦門などの「閩南語」のふたつにわけて八大方言ともいう。福州語は閩江下流域の閩東で話される方言で、「我(ウォ)」を「儂(ヌン)」と言うなど独立性が強かった。唐代の福州語は明確に中原とは異なる言葉だったとされ、かつては歩いて1日の行程を越えると理解できなくなるとも言われた。中国人の話す言葉が出身地によって大きく異るということは江戸時代の長崎でも知

Fuzhou 閩東福州の料理言葉信仰

られていたようで、福州人の言葉を「福州口」、泉州や厦門、漳州など閩南の言葉を「漳州口」と呼んだ。こうした事情は、歴史的に北方異民族の侵入で、漢族が段階的に南遷したことにも由来し、福建語や広東語には古い時代の中国語が残る（唐代に伝わった漢語が使われている日本と共通の語彙もある）。福州の言葉では日本を「ニツホン」と発音する（北京語では「リーベン」）ほか、日本独自のものと考えられている「下駄をはく」という習慣も福州で見られたという。

CHINA
福建省

福州と仏教、信仰

福州の「福」は「仏」に通じると言われ、福州は「仏国」と呼ばれるほど、仏教に親しみある街だとされてきた。西晋の282年に建立された乾元寺が、福州仏教寺院のはじまりで、とくに唐代、華やかな仏教文化が咲き誇った(現在も残る開元寺は唐玄宗の命で、738年に全国に建てられた官寺につらなる)。華北の仏教寺院が破仏を何度も受けたのに対して、華南の仏教寺院は比較的よく保存され、開元寺のほか、華林寺、定光寺(白塔寺)が残る。かつては福州旧城をとり囲むように、東西南北に禅寺を配した曼荼羅構造をもっていて、

▲左　福州東郊外の鼓山に立つ湧泉寺には空海も訪れた。　▲右　かつて仏国とたたえられた福州

現在では西禅寺がその威容を見せている。また道教では、福州の街づくりを行なった王審知（862〜925年）が神さまとして信仰されているほか、航海にまつわる天后（媽祖）や陳靖姑の人気が高いことを特徴とする。旧城内にそびえる三山には仙人の伝承も残り、道教寺院が仏教寺院とならんで立っている。

Guide, Ping Shan
屏山 城市案内

旧城北部の屏山あたりは福州発祥の地
また現在の福州の繁栄につながる
街づくりを進めた王審知の祠も見られる

閩王祠 闽王祠 mǐn wáng cí ミィンワァンツウ ［★★☆］

閩王祠は閩国の事実上の建国者で、現在まで続く福建省繁栄の礎を築いた王審知（862～925年）の邸宅があった場所。河南省出身の豪族であった王審知は唐末の混乱のなかで、898年、福州の節度使となり、唐滅亡後、909年に閩王（福建省地方政権の王）となった。王審知はそれまで山におおわれ、未開の地とされた福建を開墾し、教育を整備、貿易を促進した。こうした街づくりや国づくりもあって、続く宋（960～1279年）代には福建は多くの科挙合格者を輩出する地へと発展をとげた。閩王祠は、946年、王審知の功績をたたえて、

【地図】福州駅と旧城北部

【地図】福州駅と旧城北部の [★★☆]
- [ ] 閩王祠 闽王祠ミィンワァンツウ
- [ ] 福州開元寺 福州开元寺フウチョウカァイユゥエンスウ
- [ ] 東街口 东街口ドォンジエコウ

【地図】福州駅と旧城北部の [★☆☆]
- [ ] 福州中山紀念堂 福州中山纪念堂 フウチョウチョンシャンジイニィエンタァン
- [ ] 華林寺 华林寺フゥアリィンスウ
- [ ] 屏山 屏山ピィンシャン
- [ ] 福州鎮海楼 福州镇海楼フウチョウチェンハイロウ
- [ ] 東街 东街ドォンジエ

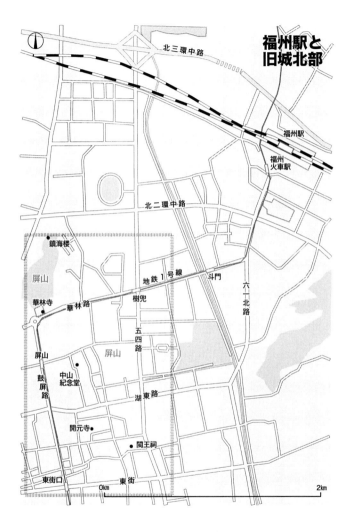

【地図】屏山

【地図】屏山の [★★★]
- [ ] 三坊七巷 三坊七巷サンファンチイシィアン

【地図】屏山の [★★☆]
- [ ] 閩王祠 闽王祠ミィンワァンツウ
- [ ] 福州開元寺 福州开元寺フウチョウカァイユゥエンスウ
- [ ] 東街口 东街口ドォンジエコウ

【地図】屏山の [★☆☆]
- [ ] 鼓楼遺址 鼓楼遗址グウロウイイチイ
- [ ] 福建都城隍廟 福建都城隍庙 フウジィエンドゥチャンフゥアンミャオ
- [ ] 林則徐出生地 林则徐出生地 リィンチェスウチュウシェンディイ
- [ ] 福州中山紀念堂 福州中山纪念堂 フウチョウチョンシャンジイニィエンタァン
- [ ] 欧冶池 欧冶池オウィェエチイ
- [ ] 華林寺 华林寺フゥアリィンスウ
- [ ] 屏山 屏山ピィンシャン
- [ ] 福州鎮海楼 福州镇海楼フウチョウチェンハイロウ
- [ ] 西湖 西湖シイフウ
- [ ] 東街 东街ドォンジエ

その故居を祠としたのがはじまりで、いくども改築されて現在の姿となった。規模はそれほど大きくないものの、紅壁に周囲をおおわれ、中央には王審知の像が安置されている。

閩王徳政碑 闽王德政碑 mǐn wáng dé zhèng bēi
ミィンワァンダアチェンベェイ ［★☆☆］

閩王祠内に立つ王審知にまつわる記録が刻まれた徳政碑。906年の在位中に立てられたもので、王審知は39年の治世で当時、未開地であった福建の政治を整え、文化水準を高めた。王審知の家系や当時の状況が記された石碑は高さ5m、

▲左　閩王祠の中庭に安置された閩王徳政碑。　▲右　福州開元寺という寺名は唐の玄宗に由来する

幅1.9mになり、天下四大名碑のひとつにあげられる。

福州開元寺 福州开元寺 fú zhōu kāi yuán sì
フウチョウカイユゥエンスウ［★★☆］

この街に現存する最古の仏教寺院で、福州随一の名刹の福州開元寺。仏教を篤く保護した南朝梁武帝時代の549年に創建され、当時は霊山寺と呼ばれていたという。唐(618～907年)の玄宗が全国に官寺を建立するにあたって、738年、この寺が開元寺となり、会昌の廃仏のなかでも唯一破壊をまぬがれることになった。金色の山門からなかに入ると、中庭が広が

り、その奥に伽藍が続く。なかでも、金泥で装飾された高さ5.3mの坐像、鉄仏(開元寺鉄仏)が安置され、閩国王審知が3万金の銅をもちいてつくったとも、宋代の1083年に鋳造されたともいう。また「空海入唐之地の碑」も見られる。

福州の出版

宋(960〜1279年)代の福建省では、出版文化が華やぎ、出版業者の姿も福州に多く見られた。この出版業は仏教経典の印刷と強い関係があり、仏教が盛んだった福州で制作された宋代開元寺大蔵経が知られる(寄付をつのって制作された

Fuzhou 屏山城市案内

この『大蔵経』は1112年に刊行が開始され、1151年に完成した)。また清(1616～1912年)代の林春祺が「福田書海」と呼ばれる40万個の銅活字を、1825年から20年かけて鋳造したということも、福州出版文化の業績となっている。文字(漢字)の多い中国では、ひと文字ずつ独立した活字印刷はそれほど発展せず、伝統的に木に彫刻をほどこす木版印刷が主流で、長らく職人が彫刻刀で木に文字を刻んでいく方法がとられた。彫刻刀で漢字の縦部分を太く、横部分を細く彫った明代の書体を明朝体と呼ぶ。

福建省

鼓楼遺址 鼓楼遗址 gǔ lóu yí zhǐ グウロウイイチイ [★☆☆]
福州旧城の中央北部に位置する鼓楼遺址。かつてあった鼓楼には太鼓がおかれ、福州旧城にときをつげる時計の役割を果たしていた。現在は鼓楼前公園として整備されている。

福建都城隍廟 福建都城隍庙 fú jiàn dū chéng huáng miào フウジィエンドゥチャンフゥアンミャオ [★☆☆]
福州旧城の中心部に立つ福建都城隍廟。福建省でもっとも古い城隍廟で、城隍廟神と城隍夫人という都市の守り神がまつられている。赤を基調とした極彩色の概観をもつ。

▲左　清代あたりは左営司巷と呼ばれていた、林則徐出生地にて。　▲右　堂々とした容貌の林則徐

林則徐出生地 林则徐出生地 lín zé xú chū shēng dì
リィンチェスウチュウシェンディイ　[★☆☆]

中山路から路地に入ったところにひっそりと残る林則徐出生地。清朝官僚の林則徐（1785〜1850年）は、イギリスのアヘン密輸を厳しくとり締まった民族的英雄とされる。林則徐が幼年時代を過ごしたこの地はかつて左営司巷と呼ばれ、中庭をもつ建物のなかには林則徐像が立つ。

福建省

福州時代の林則徐

林則徐の一族は、西晋(265〜316年)のころ、華北から福建に南遷してきた「九牧の林氏」を祖先とする。ここ侯官県左営司巷にあった林家は貧しい知識人階級に属し、両親ともに教育熱心だったという。林則徐が生まれる直前、福建巡撫の徐嗣曾の一行がそばを通り、林家の軒先で雨宿りしていると、赤ん坊が生まれ、その泣き声で雷雨もやんだ。そして徐巡撫のようになってほしいと願いをこめて「則徐(徐に則る)」と命名された。少年時代の林則徐は書院に通う途中、前夜のうちに母の仕上げた刺繍をもって衣料店に寄り、帰りしなに売れた刺繍の代金を

▲左　辛亥革命を成し遂げた孫文ゆかりの福州中山紀念堂。　▲右　2000年以上前の福州黎明期から知られた欧冶池

店で受けとったという。1804年、林則徐は福州での郷試に受かって挙人となり、やがて皇帝から特定問題（アヘン密輸）の全権をまかされる欽差大臣をつとめた。

福州中山紀念堂 福州中山纪念堂 **fú zhōu zhōng shān jì niàn táng** フウチョウチョンシャンジイニィエンタァン［★☆☆］
20世紀初頭に建てられた2階建ての西欧建築の福州中山紀念堂。このあたりは明清時代に科挙の試験場（貢院）があった場所で、1911年の辛亥革命以後、中華民国の政務がとられる場所となった。紀念堂の前には孫文像が立つ。

福建省

欧冶池 欧冶池 ōu yě chí オウイェエチイ ［★☆☆］

福州旧城の一角にひっそりと残り、福州最古の景勝地とも言われる欧冶池。紀元前の春秋時代に欧冶が剣の腕をみがいたところと言われ、「剣池」とも呼ぶ。福州にゆかりのある沖縄の久米村に、この福州欧冶池を模した欧冶池がある。

華林寺 华林寺 huá lín sì フゥアリィンスウ ［★☆☆］

華林寺は福州旧城三山のひとつ屏山の南麓に位置する仏教寺院。王氏の閩国（909～945年）に代わって福州を統治した呉越国（907～978年）福州知事の鮑脩譲によって、964年、

▲左　華林寺、福州北部は福州発祥の地でもあった。　▲右　高層ビルが林立する、福州は経済中心地でもある

国の平和を願って建てられた。もともと越山吉祥禅院と言ったが、明（1368～1644年）代に華林寺と呼ばれるようになった。この華林寺大殿は南中国で最古の木造建築で、明清時代に改修されているものの、斗拱や梁など、創建当時の様式（抬梁庁堂式）をとどめている。

屏山 屏山 píng shān ピィンシャン ［★☆☆］

福州旧城の北側にそびえる高さ45mの屏山。烏山と于山にならぶ福州三山のひとつで、「越王山」とも言う。また屏山南麓は紀元前202年に閩越王無諸が、最初の福州の街「冶城」

CHINA
福建省

を築いたことでも知られる(当時、漢族とは異なる越人がこの地に暮らし、城隍廟近くに冶城があった)。

福州鎮海楼 福州镇海楼
fú zhōu zhèn hǎi lóu フウチョウチェンハイロウ [★☆☆]

高さ45mの屏山にそびえる楼閣の福州鎮海楼。福州旧城の整備された明代の1371年、官吏王恭によって建てられた。現在の楼閣は清末の1893年はじめ、いくどか再建されたもの。高さ30mを超す二層の堂々としたたたずまいを見せる。

東岳廟 东岳庙 dōng yuè miào ドォンユエミャオ ［★☆☆］

福州旧城の東外側に位置する道教寺院の東岳廟。東岳廟は山東省泰山の国家祭祀で、宋代（960〜1279年）ごろからその信仰が全国に広がった（東岳廟は街の東側に建てられる）。福州の東岳廟はこうしたなかで創建され、1000年ほど続いている。冥界の支配者としてさまざまな神を統括し、商人からも信仰された。

Guide, Xi Hu
西湖城市案内

福州旧城の北西に広がる大きな西湖
かつてこの西湖にあわせるように城壁が走り
今では多くの人が訪れる景勝地となっている

西湖 西湖 xī hú シイフウ ［★☆☆］

福州旧城の北西外、臥龍山の麓に広がる周囲4kmの西湖。晋の282年、晋安郡主の巌高が福州の街を築いたとき、田畑を灌漑するために、湿地帯に人造湖を掘ったことをはじまりとする。この西湖は水路で閩江と通じ、かつては西湖と東湖というふたつの湖があったが、西湖のみが現存する。五代十国の閩国（909〜945年）時代、湖畔に水晶宮が建てられるなど整備が進んだ。1914年に公園として開園し、「飛虹橋」「歩雲橋」「玉帯橋」といった橋がかかるほか、明代建てられた「開化寺」、林則徐の遺言通り、死後翌年に遺像が安置された「桂

【地図】西湖（旧城西部）

【地図】西湖（旧城西部）の [★★★]
- [ ] 三坊七巷 三坊七巷サンファンチイシィアン

【地図】西湖（旧城西部）の [★★☆]
- [ ] 福建省博物館 福建省博物馆 フウジィエンシェンボオウウグゥアン
- [ ] 西禅寺 西禅寺シイシャンスウ
- [ ] 林則徐紀念館 林则徐纪念馆 リィンチェエスウジイニィエングゥアン
- [ ] 烏山（烏石山）乌山ウウシャン

【地図】西湖（旧城西部）の [★☆☆]
- [ ] 西湖 西湖シイフウ
- [ ] 北禅寺 北禅寺ベイチャンスウ
- [ ] 象山伊斯蘭墓園 象山伊斯兰墓园 シィアンシャンイイスウラァンムウユュエン
- [ ] 元帥廟 元帅庙ユュエンシュアイミャオ
- [ ] 八旗会館 八旗会馆バアチイフゥイグゥアン

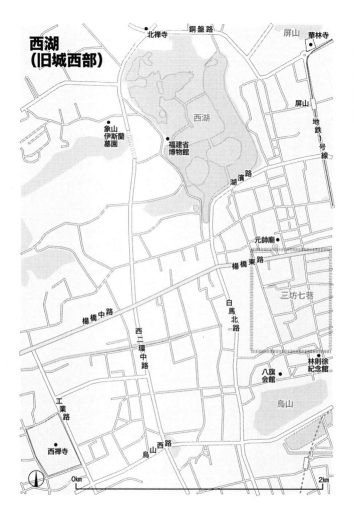

斎」(林則徐は西湖の水利改修も行なった)、西湖湖畔に立つ大夢山の麓に広がる「福州動物園」、海のシルクロードにまつわる展示が見られる「福建省博物館」が位置する。

福建省博物館 福建省博物馆 fú jiàn shěng bó wù guǎn
フウジィエンシェンボオウウグゥアン ［★★☆］

福建省博物館は、この省の歴史、民俗、自然、茶芸といった幅広い展示内容で知られる総合博物館。漢族とは異なる閩越人の暮らした時代の「福建古代文明之光」、福建地方で焼かれ、海外に運ばれた陶磁器の「福建古代外銷瓷」、南戯や閩

Fuzhou 西湖城市案内

▲左　豊かな水をたたえる福州西湖。　▲右　福建省博物館の展示、海のシルクロードで活躍したジャンク船の模型が見える

劇の展示が見られる「福建戯曲大観」、仏像や印章、木彫の「意匠天工」、山水画や花鳥画、篆書や隷書体の「館蔵書画精品陳列」、トカゲやカエルの標本はじめ恐竜世界や動物万象をあつかう「自然館」など多彩な展示内容となっている。なかでも、1978年に武夷山の崖洞穴からとり出された「舟形棺桶（樟の一木の内部をくり抜いた）」が注目され、古代越族の屍と副葬品、武夷山漢城宮殿復元模型も見られる。福建省博物館自体は新中国建国後の1953年に創建され、2002年に完成した。新館は白のドームをもち、イスラム建築と中国建築を融合させた外観となっている。

福建省

陶磁器の集散地

土を使ってさまざまなかたちの器として焼きあげ、芸術品の域へと洗練させた中国の陶磁器。建窯や景徳鎮、龍泉窯などの内陸部から閩江を通じて福州に運ばれてきたほか、福州懐安窯、福州洪塘窯などでも陶磁器が焼かれた。五代十国時代から宋代（960〜1279年）にかけては、こうした中国の陶磁器がインド、ペルシャへ運ばれ、福州沿岸部の沈没船からは当時の陶磁器も確認されている（またこの地方の五代十国時代の墓からはペルシャの青釉の壺が見つかっている）。日本の博多では、唐末期から五代十国時代に福州懐安窯製の青

▲左 中国の陶磁器は世界中に輸出されていった。 ▲右 多彩な展示で知られる福建省博物館の外観

磁が発掘されているほか、鎌倉時代、福建奥から閩江を通じて福州に集まった曜変天目茶碗などの茶道具が、寧波を通じて日本へ渡ったと考えられる。天目茶碗の多くは福建の建窯で焼かれたが、浙江省天目山の名前がつけられた。

北禅寺 北禅寺 běi chán sì ベイチャンスウ ［★☆☆］

北禅寺は福州旧城を曼荼羅のようにとり囲んだ4つの禅寺のうちのひとつ。唐代の創建で西湖の北側に位置し、黄色の壁面でおおわれた伽藍が展開する。

福建省

象山伊斯蘭墓園 象山伊斯兰墓园 xiàng shān yī sī lán mù yuán シィアンシャンイイスウラァンムウユュエン[★☆☆]

福州旧城西門外に残るこぢんまりとした象山伊斯蘭墓園。唐宋時代から福州にはイスラム商人が多く訪れ、続くモンゴルの元代、イスラム教徒は行政官として重用された。石墓のほか、元代のペルシャ語の石刻が残っている。

西禅寺 西禅寺 xī chán sì シイシャンスウ ［★★☆］

福州旧城中心部から西3kmのところに立つ仏教寺院の西禅寺。南朝梁（502～557年）の時代、道士王覇の住居があった場所で、不老不死の薬を調合し、仙人になるための修行をしていたと伝えられる。唐代の796年、ここに王覇がまつられたが衰退し、その後、867年に仏教の大安禅師が招かれ、のちに西禅寺と呼ばれるようになった。仏教の盛んな福州にあって、東禅寺、南禅寺、北禅寺とともに、福州旧城の東西南北を曼荼羅のように囲み、最盛期の西禅寺は3000人の僧侶を抱えるほどだったという。清朝末期に、海外の華僑から

CHINA
福建省

の寄付で再建され、その後、1941年の日本の空爆、文革中に破壊され、工場になったこともあった。現在の伽藍は、やはり東南アジアの福州華僑の援助で整備され、荔枝の老木が茂る広大な敷地に伽藍が展開する。高さ67m、八角十五層の「報恩塔」がそびえ、黄色の屋根瓦でふかれた「天王殿」「大雄宝殿」「羅漢閣」「法堂」が位置する。

閩越から
福建省
省都へ

CHINA
福建省

「門」に「虫」と書く福建省の古名「閩」
中原から見て異民族の暮らす僻地だった
福建の開発は唐宋時代から進んでいった

閩越から福建へ

百越と呼ばれる異民族の暮らす福建に、漢族が入植するようになったのは、晋（265〜420年）代以降のことだと考えられている。当時、住民の大多数をしめる非漢族の閩越人は山で焼き畑をしたり、漁労生活を送っていた。西晋が滅んで南京に東晋（317〜420年）が樹立されると、福建沿岸部に晋安郡が、北西に建安郡がおかれて、漢族が南遷して移住するようになった（このとき福建に入った林、陳、黄、鄭、詹、邱、何、胡氏は、閩八姓と呼ばれている）。山がちで、山ひとつ越えれば言葉が変わると言われる福建では、他のどの地

閩越から福建省省都へ Fuzhou

域よりも漢族の進出が遅れ、唐代になっても住民のほとんどは非漢族であった。こうしたなかで浙江南部から、福建東部の海岸地帯へいたる海路が通じ、その起点となる福州と、福建内陸部の建州が漢族の進出拠点となり、「福州」と「建州」の頭文字から「福建」の名前がとられた。

王審知と閩国

唐（618〜907年）後期から節度使が各地に軍事力をもち、そのまま各地で地方政権がならぶ五代十国時代（907〜960年）へと突入した。唐末の混乱のなか河南省の王潮、王審知

CHINA
福建省

兄弟が福建に入り、この地の自営団首領からなりあがって閩国(909〜945年)を建設した。閩国は中原の荒くれ者が建てた征服王朝とも見えるが、実権をにぎった王審知は唐代以来の官僚を起用し、国づくりを進めたため、後進地であった福建が発展した。王審知死後、閩国は後継者争いで血みどろの混乱をまねき、やがて北の呉越(杭州)に福州を奪われ、945年、西の南唐(南京)の攻撃を受けて滅亡した。

Fuzhou　閩越から福建省省都へ

▲左　福州で演じられる閩劇の衣装。　▲右　夜ライトアップされた毛沢東像

南方の文化大国へ

唐から五代十国への変遷は、統一された中国が各地方ごとに分裂し、それぞれ独自の風俗、習慣、言語が発展していった。閩が福州、呉越が杭州、南唐が南京を都としたように、それぞれの都市と地域（国境）は現在の省都と省域にも対応している。こうしたなかで、五代の将軍であった趙匡胤は、次々と各国をおさえて宋（960～1279年）を建国した（閩は呉越と南唐からの侵入を受けて滅亡した。そのさなかで泉州で将軍留従効が独立し、それに替わった陳洪進による小国家も978年、宋に統合された）。唐末から閩国、宋代へいたる100

CHINA
福建省

年のあいだで、福建の開発は急速に進み、皇帝に献じられる「福建茶」、科挙合格者を多く輩出する「文教」、仏教の経典を次世代へ伝える「出版文化」などで、福建は中国全土に知られるようになった。こうした傾向は、南宋(1127〜1279年)の都が杭州におかれてからさらに増し、南中国の文化が北中国の文化を上まわったと言われる。

Fuzhou

閩越から福建省省都へ

参考文献

『福州攷』(野上英一 / 臺灣總督府熱帯産業調査會)

『三坊七巷・朱紫坊(福州,福建省)の住居類型とその集合形式に関する考察』
(趙冲・布野修司・張鷹・山田香波 / 日本建築学会計画系論文集)

『福州上下杭社区(福建省)の空間構成に関する考察 その1:社区構成と施設分布』(大日方覚・山田香波・趙冲・布野修司 / 学術講演梗概集)

『中国福建省福州市の道教信仰』(川添裕希 / 西郊民俗)

『福州戯台見学記』(川島郁夫 / 東京外国語大学論集)

『中国碑林紀行40 福州の三山をめぐる』(何平 / 人民中国)

『美しい中国 福州 軽さを誇る伝承の脱胎漆器』(単濤・于文・孫立成 / 人民中国)

『林則徐』(井上裕正 / 白帝社)

『東方見聞録』(マルコ・ポーロ・愛宕松男訳 / 平凡社)

『世界大百科事典』(平凡社)

［PDF］福州地下鉄路線図 http://machigotopub.com/pdf/fuzhoumetro.pdf

［PDF］福州 STAY（ホテル＆レストラン情報）http://machigotopub.com/pdf/fuzhoustay.pdf

まちごとパブリッシングの旅行ガイド

Machigoto INDIA , Machigoto ASIA , Machigoto CHINA

【北インド - まちごとインド】

001 はじめての北インド
002 はじめてのデリー
003 オールド・デリー
004 ニュー・デリー
005 南デリー
012 アーグラ
013 ファテープル・シークリー
014 バラナシ
015 サールナート
022 カージュラホ
032 アムリトサル

【西インド - まちごとインド】

001 はじめてのラジャスタン
002 ジャイプル
003 ジョードプル
004 ジャイサルメール
005 ウダイプル
006 アジメール(プシュカル)
007 ビカネール
008 シェカワティ
011 はじめてのマハラシュトラ
012 ムンバイ
013 プネー
014 アウランガバード
015 エローラ
016 アジャンタ
021 はじめてのグジャラート
022 アーメダバード
023 ヴァドダラー(チャンパネール)
024 ブジ(カッチ地方)

【東インド - まちごとインド】

002 コルカタ
012 ブッダガヤ

【南インド - まちごとインド】

001 はじめてのタミルナードゥ
002 チェンナイ
003 カーンチプラム
004 マハーバリプラム
005 タンジャヴール
006 クンバコナムとカーヴェリー・デルタ
007 ティルチラパッリ
008 マドゥライ
009 ラーメシュワラム
010 カニャークマリ
021 はじめてのケーララ
022 ティルヴァナンタプラム
023 バックウォーター(コッラム〜アラップーザ)
024 コーチ(コーチン)
025 トリシュール

【ネパール - まちごとアジア】

001 はじめてのカトマンズ
002 カトマンズ
003 スワヤンブナート

004 パタン
005 バクタプル
006 ポカラ
007 ルンビニ
008 チトワン国立公園

【バングラデシュ - まちごとアジア】

001 はじめてのバングラデシュ
002 ダッカ
003 バゲルハット（クルナ）
004 シュンドルボン
005 プティア
006 モハスタン（ボグラ）
007 パハルプール

【パキスタン - まちごとアジア】

002 フンザ
003 ギルギット（KKH）
004 ラホール
005 ハラッパ
006 ムルタン

【イラン - まちごとアジア】

001 はじめてのイラン
002 テヘラン
003 イスファハン
004 シーラーズ
005 ペルセポリス
006 パサルガダエ（ナグシェ・ロスタム）
007 ヤズド
008 チョガ・ザンビル（アフヴァーズ）
009 タブリーズ

010 アルダビール

【北京 - まちごとチャイナ】

001 はじめての北京
002 故宮（天安門広場）
003 胡同と旧皇城
004 天壇と旧崇文区
005 瑠璃廠と旧宣武区
006 王府井と市街東部
007 北京動物園と市街西部
008 頤和園と西山
009 盧溝橋と周口店
010 万里の長城と明十三陵

【天津 - まちごとチャイナ】

001 はじめての天津
002 天津市街
003 浜海新区と市街南部
004 薊県と清東陵

【上海 - まちごとチャイナ】

001 はじめての上海
002 浦東新区
003 外灘と南京東路
004 淮海路と市街西部
005 虹口と市街北部
006 上海郊外（龍華・七宝・松江・嘉定）
007 水郷地帯（朱家角・周荘・同里・甪直）

【河北省 - まちごとチャイナ】

001 はじめての河北省
002 石家荘
003 秦皇島
004 承徳
005 張家口
006 保定
007 邯鄲

【江蘇省 - まちごとチャイナ】

001 はじめての江蘇省
002 はじめての蘇州
003 蘇州旧城
004 蘇州郊外と開発区
005 無錫
006 揚州
007 鎮江
008 はじめての南京
009 南京旧城
010 南京紫金山と下関
011 雨花台と南京郊外・開発区
012 徐州

【浙江省 - まちごとチャイナ】

001 はじめての浙江省
002 はじめての杭州
003 西湖と山林杭州
004 杭州旧城と開発区
005 紹興
006 はじめての寧波
007 寧波旧城
008 寧波郊外と開発区
009 普陀山
010 天台山
011 温州

【福建省 - まちごとチャイナ】

001 はじめての福建省
002 はじめての福州
003 福州旧城
004 福州郊外と開発区
005 武夷山
006 泉州
007 厦門
008 客家土楼

【広東省 - まちごとチャイナ】

001 はじめての広東省
002 はじめての広州
003 広州古城
004 天河と広州郊外
005 深圳（深セン）
006 東莞
007 開平（江門）
008 韶関
009 はじめての潮汕
010 潮州
011 汕頭

【遼寧省 - まちごとチャイナ】

001 はじめての遼寧省
002 はじめての大連
003 大連市街
004 旅順
005 金州新区

006 はじめての瀋陽
007 瀋陽故宮と旧市街
008 瀋陽駅と市街地
009 北陵と瀋陽郊外
010 撫順

【重慶 - まちごとチャイナ】

001 はじめての重慶
002 重慶市街
003 三峡下り（重慶〜宜昌）
004 大足

【香港 - まちごとチャイナ】

001 はじめての香港
002 中環と香港島北岸
003 上環と香港島南岸
004 尖沙咀と九龍市街
005 九龍城と九龍郊外
006 新界
007 ランタオ島と島嶼部

【マカオ - まちごとチャイナ】

001 はじめてのマカオ
002 セナド広場とマカオ中心部
003 媽閣廟とマカオ半島南部
004 東望洋山とマカオ半島北部
005 新口岸とタイパ・コロアン

【Juo-Mujin（電子書籍のみ）】

Juo-Mujin 香港縦横無尽
Juo-Mujin 北京縦横無尽
Juo-Mujin 上海縦横無尽

【自力旅游中国 Tabisuru CHINA】

001 バスに揺られて「自力で長城」
002 バスに揺られて「自力で石家荘」
003 バスに揺られて「自力で承徳」
004 船に揺られて「自力で普陀山」
005 バスに揺られて「自力で天台山」
006 バスに揺られて「自力で秦皇島」
007 バスに揺られて「自力で張家口」
008 バスに揺られて「自力で邯鄲」
009 バスに揺られて「自力で保定」
010 バスに揺られて「自力で清東陵」
011 バスに揺られて「自力で潮州」
012 バスに揺られて「自力で汕頭」
013 バスに揺られて「自力で温州」
014 バスに揺られて「自力で福州」

【車輪はつばさ】
南インドのアイラヴァテシュワラ寺院には建築本体に車輪がついていて寺院に乗った神さまが人びとの想いを運ぶと言います。

・本書はオンデマンド印刷で作成されています。
・本書の内容に関するご意見、お問い合わせは、発行元の
　まちごとパブリッシング info@machigotopub.com までお願いします。

まちごとチャイナ
福建省003福州旧城
～ガジュマル茂る「花の都」［モノクロノートブック版］

2017年11月14日　発行

著　者	「アジア城市（まち）案内」制作委員会
発行者	赤松　耕次
発行所	まちごとパブリッシング株式会社
	〒181-0013　東京都三鷹市下連雀4-4-36
	URL http://www.machigotopub.com/
発売元	株式会社デジタルパブリッシングサービス
	〒162-0812　東京都新宿区西五軒町11-13
	清水ビル3F
印刷・製本	株式会社デジタルパブリッシングサービス
	URL http://www.d-pub.co.jp/

MP148

ISBN978-4-86143-282-8 C0326　　　　Printed in Japan
本書の無断複製複写（コピー）は、著作権法上での例外を除き、禁じられています。